dsop
editora

ABRIÇO

Renata de Sá
Sabrina Eras

Para aqueles que são abraço e abrigo.

EM UM DIA DE CHUVA...

O GAROTO CORREU.

PARA DEBAIXO
DE UMA ÁRVORE.

PARA A CASINHA
DO CACHORRO.

PARA DENTRO DO
GUARDA-ROUPA.

PARA DEBAIXO
DA CAMA.

PARA A POLTRONA
DO VOVÔ.

PARA O SÓTÃO.

MMMMMMM

MMMMMA...

MAMAMAM

MAMAMA...

MAMÃE?

PARA, FINALMENTE, ENCONTRAR
UM **ABRIGO** NUM **ABRAÇO**.

Renata de Sá nasceu em São Paulo. Quando criança, brincava com a máquina de escrever do pai, reinventando os clássicos infantis com uma linguagem própria em um universo totalmente particular. Já adulta, resolveu fazer da brincadeira um ofício: primeiro como jornalista, depois como editora de texto, dando vida a outros personagens para novas histórias e, agora, como escritora.

Sabrina Eras nasceu em São José dos Campos e, desde muito nova, já andava com seu caderno de desenhos e caixa de lápis de cor debaixo do braço. Já quis ser bailarina ou bióloga, mas a vida a levou para outros caminhos. Fez vários cursos na área de artes e se tornou ilustradora, área em que encontrou sua paixão nas cores e na produção de livros infantis.

Coordenação Editorial Laila Mascarenhas
Editora de Arte Marisa Corazza
Projeto gráfico Amanda Torres
Revisão Andrei Spinassé

Dados Internacionais de Catalogação na publicação (CIP)
(Câmara Brasileira do Livro, SP, Brasil)

Sá, Renata de
Abriço / Renata de Sá ; [ilustração Sabrina Eras].
-- 1. ed -- São Paulo: Editora DSOP

ISBN 978-85-8276-560-9

1. Literatura infantojuvenil I. Eras, Sabrina
II. Título

23-158639 CDD-028.5

Índice para catálogo sistêmicático:

1. Literatura Infantil 028.5
2. Literatura infantojuvenil 028.5

Aline Graziele Benitez - Bibliotecária - CRB-1/3129

dsop editora

Rua Alba, 88 - Parque Jabaquara
São Paulo - SP
Brasil - CEP: 04346-000
www.editoradsop.com.br

www.dsop.com.br